RAPPORT

SUR LA CAMPAGNE

FAITE PAR LA

DEUXIÈME AMBULANCE

DE LA

SOCIÉTÉ DE SECOURS AUX BLESSÉS

PAR LE DOCTEUR

MARC SÉE

Professeur agrégé et chef des travaux anatomiques de la Faculté de Paris
chirurgien en chef de l'ambulance

PARIS

VICTOR MASSON ET FILS

RUE DE L'ÉCOLE-DE-MÉDECINE

1871

Extrait de la Gazette hebdomadaire de médecine et de chirurgie

RAPPORT

SUR LA CAMPAGNE

FAITE PAR LA

DEUXIÈME AMBULANCE

DE LA

SOCIÉTÉ DE SECOURS AUX BLESSÉS

La deuxième ambulance de la Société de secours aux blessés, désignée dans l'origine sous le nom d'*ambulance de la Presse française* (1), quitta Paris le 11 août, avec l'ordre de se rendre à Metz. Arrivée à Frouard, elle trouva la voie coupée ; elle revint sur ses pas jusqu'à Toul, d'où elle se proposait de gagner Metz par la grande route. Elle partit de Toul le 13 août à dix heures du matin, s'arrêta une couple d'heures à Rozières, dont la population lui témoigna un enthousiasme extraordinaire, et atteignit, vers six heures, la hauteur qui domine Dieulouard. A ce moment, de nombreux coups de feu furent entendus du côté du chemin de fer : l'ambulance, aussitôt, descendit dans le village, où elle trouva deux blessés installés convenablement dans une maison. A peine les avait-elle interrogés, que le village fut occupé par l'ennemi. Forcée de passer la nuit à Dieulouard, côte à côte avec les Prussiens, elle obtint le lendemain l'autorisation de continuer sa route sur Metz. Elle chemina sans encombre jusqu'à Pont-à-Mousson, où toute l'armée du prince Frédéric-Charles faisait alors son entrée. Toutes les maisons, sans aucune exception, étant remplies de soldats et défense nous étant faite d'aller plus loin,

(1) Cette désignation, inscrite en grands caractères sur les voitures de l'ambulance, a certainement été la cause de la plupart des embarras qui lui ont été suscités, dès son entrée en campagne, par les Prussiens.

nous nous résignâmes à camper dans une vaste prairie, sur le bord de la Moselle, qui nous fut indiquée par le commandant prussien de Pont-à-Mousson. Mais notre séjour dans ce campement, d'abord supportable, devint le lendemain une véritable captivité, et je dus faire tous mes efforts pour en sortir. Or, à aucun prix on ne voulait nous permettre de retourner à Toul, encore moins d'aller à Metz; on nous menaça même de confisquer notre matériel et de nous envoyer en Allemagne. A force d'insistance, j'obtins du chef d'état-major de Frédéric-Charles de nous rendre à Saint-Avold et à Saarbrück, où il y avait, nous disait-on, un grand nombre de blessés français.

Cette solution, cependant, était loin de nous satisfaire; elle nous faisait manquer notre but, car l'ambulance cessait d'être une ambulance volante, elle était perdue pour l'armée française. Un heureux hasard s'offrit à nous : arrivés à Luppy, nous vîmes défiler toute la garde royale. Le roi Guillaume n'était pas loin; je résolus de lui présenter une requête dans le sens de nos projets primitifs, en même temps qu'une protestation contre le traitement indigne qui nous était infligé depuis quelques heures : des gendarmes, en effet, le pistolet au poing, nous gardaient à vue et même nous rudoyaient parfois. Le roi, me voyant sur le bord de la route avec un drapeau à la main, voulut bien faire arrêter sa voiture, et, après m'avoir entendu, donna l'ordre suivant (traduction textuelle) :

« L'ambulance des Français, en traversant Luppy, a soumis » à Sa Majesté le roi de Prusse, par ses délégués, la demande » de pénétrer dans Metz, pour y soigner les blessés français. » Sa Majesté donne l'ordre que les hommes pourront aller à » Metz sous escorte, et que la Prusse, en ce qui la concerne, » ne s'y oppose nullement, si le commandant français les laisse » entrer dans Metz, à la condition, bien entendu, que partout » on agira d'après la convention de Genève. Si on ne laisse » pas entrer ces personnes dans Metz, elles doivent être diri- » gées sur l'arrière, suivant les ordres du général de Stosch. » Sa Majesté m'a chargé de transmettre ces ordres au com- » mandant de Blücher.

» Stieber,

» Directeur de la police de campagne du quartier général prussien de Sa Majesté. »

Cet ordre, si équitable, fut éludé par les généraux prussiens, qui alléguèrent, dès le jour suivant, qu'ayant télégraphié au commandant de Metz, ils avaient été avisés par lui qu'il ne pouvait nous recevoir, attendu qu'il avait déjà trop de monde à nourrir. Pour regagner les lignes françaises, on nous laissa choisir entre la voie de Suisse et la voie de Belgique. Je donnai la préférence à la dernière, comme étant la plus courte.

Immédiatement après le passage du roi, nous dûmes nous remettre en marche, sous un soleil ardent et escorté par des gendarmes. Un immense convoi occupant la route, nous fûmes obligés de passer à travers champs; nos chevaux, si vigoureux, ne parvinrent qu'à grand'peine à arracher aux terres labourées nos voitures pesamment chargées et qu'à chaque instant je craignais de voir se briser.

Nous arrivâmes enfin, harassés de fatigue, à Rémilly, où l'on nous informa que nous pouvions prendre le chemin de fer. Mais le train qui devait nous emmener se fit attendre toute la nuit et ne se trouva prêt que le lendemain matin, à onze heures. Un officier nous fut donné pour escorte; il nous accompagna jusqu'à la frontière belge, et je dois reconnaître qu'il s'acquitta de sa mission avec beaucoup de tact et à notre entière satisfaction. Nous passâmes par Saint-Avold, Saarbrück, Birkenfeld, Staudernheim, Münster, Kreuznak, Bingerbrück, Coblentz, et nous ne nous arrêtâmes qu'à Cologne. Partout, sur notre passage, les populations nous témoignèrent des sentiments amicaux. Le lendemain, 19 août, un nouveau train nous conduisit à Aix-la-Chapelle, et de là à la frontière belge. L'accueil cordial que nous reçûmes des Belges à Herbesthal, à Verviers, à Liége, ne s'effacera jamais de notre mémoire. Mais nous avions hâte de nous retrouver sur la terre française, et c'est le cœur gonflé de joie que nous atteignîmes Jeumont, où notre arrivée excita un enthousiasme indescriptible.

Après avoir attendu plusieurs heures une réponse à la dépêche que j'avais envoyée d'Herbesthal à M. de Flavigny, je me décidai à partir pour Maubeuge. Un avis du chef de gare m'y fit savoir que l'ambulance avait ordre de se rendre à Châlons. On nous conduisit successivement à Landrecies, Saint-Quentin, Laon, Reims, Épernay; mais l'encombrement de la voie ne nous permit pas, ce jour-là, d'arriver à Châlons; arrêtés à 4 kilomètres environ de la gare, nous fûmes obligés de passer la nuit dans les wagons, et ce n'est que le lendemain, 21 août, que nous pûmes entrer en ville.

La ville de Châlons était dans un désarroi qu'expliquait l'approche de l'ennemi; on n'y voyait plus trace de l'armée française, et les autorités elles-mêmes, civiles et militaires, s'apprêtaient à se retirer. Le général commandant la division nous apprit que le camp de Châlons était levé, et que toute l'armée était partie pour Reims. Nous nous disposions à la rejoindre au plus tôt, quand M. de Fitz-James, délégué de la Société, nous fit savoir que nous devions aller camper au Grand-Mourmelon, l'y attendre jusqu'au lendemain, et partir ensuite pour Reims avec la quatrième ambulance, qui se trouvait également à Châlons. Mais la voie n'était pas libre ; obligés de nous arrêter à plusieurs kilomètres de Mourmelon, nous dûmes de nouveau passer la nuit dans les wagons. Dans la matinée du 22 août, notre train se remit en mouvement dans la direction de Reims ; mais, cette fois encore, il s'arrêta bien loin de la gare, encombrée de troupes et de matériel de guerre. Après avoir attendu longtemps en vain, nous finîmes par prendre un parti décisif : nous descendîmes nous-mêmes nos voitures des trucs qui les portaient, opération longue et difficile en l'absence d'un quai de déchargement, et nous gagnâmes Reims à pied. Plusieurs délégués de la Société s'y trouvaient, ainsi que les ambulances dirigées par MM. les docteurs Trélat, Pamard et Rouge. Dans une conférence qui eut lieu le lendemain, à l'hôtel du Lion d'or, il fut décidé que la deuxième ambulance serait attachée au 12ᵉ corps d'armée, général Lebrun, et qu'elle rejoindrait ce corps le 23 août, à Heudrégiville.

Quand nous pûmes quitter Reims, il pleuvait à torrents et la route était occupée par d'immenses convois militaires ; il nous fut impossible de dépasser Lavannes, où nous dûmes coucher. Le 24, de très-bonne heure, nous nous rendîmes à Heudrégiville ; le 12ᵉ corps, campé près du village, se disposait à se mettre en marche pour Rethel : nous suivons la colonne, et nous cheminons en avant des bagages de l'armée. Nous arrivons à Rethel très-tard dans la nuit, et nous éprouvons les plus grandes difficultés à nous caser. La journée du 25 et la matinée du 26 furent complétement perdues ; on se remit enfin en route pour Amagne, où nous entrâmes dans la soirée. Le 27, nous reçûmes l'ordre d'aller au Chêne ; après des difficultés innombrables, causées par le mauvais état et l'encombrement des routes, nous finîmes par atteindre ce village vers onze heures du soir. Le grand quartier général occupant toutes les maisons, nous passâmes la nuit dans un magasin de quincaillerie.

Le 28 août, j'avais pour instruction d'aller à Beaumont ; mais ce n'est qu'à grand'peine que nous arrivâmes à Stonne, toujours précédés par le grand quartier général, qui s'emparait de tous les gîtes et de toutes les provisions, en laissant dans un dénûment absolu ceux qui venaient après lui. Le mécontentement et une vague inquiétude se lisaient sur tous les visages ; ces sentiments devinrent plus vifs encore le lendemain, pendant que nous marchions sur Mouzon. A chaque instant, en passant devant un bois, nous nous attendions à être salués à coups de fusil.

A Mouzon, l'encombrement n'était pas moins grand que dans les localités que nous venions de traverser. J'installai l'ambulance dans l'école laïque, dont les vastes salles étaient dans les meilleures conditions pour recevoir des blessés. L'hôpital de Mouzon nous offrait des ressources encore plus considérables et non moins précieuses.

Le 30 août, nous nous attendions à recevoir d'un instant à l'autre un ordre de départ, lorsque, vers une heure après midi, le canon se fit entendre dans le lointain : c'était, nous dit-on, le corps du général de Failly qui s'était laissé surprendre au moment où il venait de quitter les positions excellentes qu'il avait occupées sur les hauteurs. Bientôt la canonnade se rapproche : les Français, refoulés vers Mouzon, trouvent dans la Meuse, difficile à traverser à la nage, un obstacle insurmontable. Le pont de Mouzon est insuffisant, et l'on n'a pas songé à en établir d'autres. La bataille s'engage aux extrémités de ce pont, que les Allemands veulent franchir à leur tour. L'hôpital, distant à peine de 200 mètres, et presque dans l'axe du pont, est criblé de balles; les obus pleuvent autour de nous; un de ces projectiles tombe et éclate au milieu de nos infirmiers, occupés à dresser une tente dans la cour de l'établissement, et fait une large brèche dans un mur. Heureusement aucun de nos hommes n'est atteint; seul, un blessé, couché dans la galerie du rez-de-chaussée, est frappé une seconde fois par un éclat.

Pendant ce temps les blessés ne cessaient d'affluer à l'hôpital, s'y rendant d'eux-mêmes, apportés par des personnes de la localité ou par des soldats, ou ramassés sous le feu par le personnel de l'ambulance. Tout se remplit et s'encombre, salles, corridors, passages, galerie extérieure ; pas un coin qui ne soit occupé. Nous passons toute la nuit à faire les premiers pansements.

Le 31 août, les Français ayant évacué Mouzon, l'ennemi y fait son entrée et inaugure son occupation par un pillage méthodique de toutes les boutiques. L'afflux des blessés reprend de plus belle : l'église en est pleine ; j'en installe soixante sous la tente dressée dans la cour ; j'en remplis toute la maison d'école jusqu'aux combles ; de petites ambulances de deux à vingt blessés sont installées dans la filature de M. Marée, chez les frères de la Doctrine chrétienne et dans une multitude de maisons de la ville. Tout le monde s'offre à recevoir, sollicite

même des blessés, la plupart moins par humanité que pour
préserver leur habitation de l'invasion et du pillage ; beaucoup
n'en voudront plus quand le danger sera passé. Ce même
jour, deux ambulances militaires, pressées de rejoindre l'armée, nous laissent tous leurs blessés.

La grande difficulté était de procurer des aliments à tous
ces hommes. Les boucheries, les boulangeries, dévalisées la
veille, étaient vides ; d'ailleurs défense était faite de vendre
du pain et de la viande à qui que ce fût, si ce n'est à l'armée
prussienne. L'hôpital, dirigé par une sœur supérieure d'une
haute intelligence, nous fut d'un grand secours dans ce moment difficile et pendant toute la durée de notre séjour à
Mouzon. Mais ses ressources ne tardèrent pas à être épuisées,
et bientôt nous dûmes, à notre tour, venir à son aide. Il nous
fallut faire cuire nous-mêmes notre pain, abattre notre viande,
et veiller avec soin à ce que les vivres ne fussent pas enlevés
par l'ennemi. Le vin n'était pas toujours facile à trouver,
beaucoup de détenteurs montrant un mauvais vouloir contre
lequel il me répugnait de sévir. Les premiers jours, il est vrai,
on venait souvent nous offrir gratuitement des provisions de
toute nature, pour les empêcher de tomber entre les mains
des Prussiens ; mais, plus tard, la générosité ayant disparu
avec la terreur inspirée par les casques à pointe, beaucoup de
ces donataires exigèrent le payement de leurs fournitures, ou
bien, alléguant leur misère, implorèrent de notre charité des
rations de vivres, qui finirent par faire l'équivalent, et au delà,
de ce qu'ils nous avaient donné.

Les jours suivants, accompagné d'une portion de notre personnel, j'explorai les environs de Mouzon. A Autrecourt,
Bazeilles, Balan, nous trouvâmes une foule de blessés qui man-
quaient de soins ou ne recevaient que des soins insuffisants.
Nous en pansâmes un grand nombre sur place et en rame-
nâmes quelques-uns à Mouzon.

Tous les locaux dont nous disposions étant encombrés bien
au delà de ce que conseillait l'hygiène, je dus songer, dès
qu'un peu d'ordre fut établi au milieu de cette cohue, à évacuer les blessés légèrement atteints et dont le déplacement ne
présentait aucun danger. Je m'adressai, dans ce but, à M. le
colonel Hubert Saladin, président du comité formé à Sedan.
Mais ce n'est que le 13 septembre que je réussis à faire partir
pour Mézières, par Donchery, une colonne de 244 blessés en
état de marcher, qui, précédemment, avaient été dirigés sur
Vouziers et obligés de revenir à Mouzon. Le 15 septembre,
140 autres blessés furent conduits près de Sedan, où ils trouvè-

rent des voitures belges qui les transportèrent à Bouillon. Enfin, le 16 septembre, 125 blessés, chargés sur treize voitures de réquisition, furent conduits par nous en Belgique. Tous ces blessés étaient dans les meilleures conditions.

Ces évacuations opérées, et abstraction faite d'un assez grand nombre de blessés qui avaient pu gagner la Belgique isolément, il nous restait environ 150 blessés, la plupart non transportables ; c'était trop peu pour occuper tout notre personnel. Nous songeâmes à revenir en France, après avoir assuré leur sort. Une section de la neuvième ambulance, sous la direction du docteur Bourdeillette, voulut bien se charger de ceux qui étaient à l'hôpital. Les autres furent confiés à une ambulance belge dirigée par madame la comtesse de Méeus, qui était arrivée récemment à Mouzon, et nous avait déjà rendu des services notables.

Tout étant ainsi réglé, nous quittâmes Mouzon le 19 septembre, et nous arrivâmes le soir même à Bruxelles. Après nous y être ravitaillés largement, grâce à l'obligeance de M. Maurice Ellissen et de tout le comité de Bruxelles, nous nous rendîmes à Lille, en vue de nous renseigner sur l'existence de l'armée de la Loire, dont on parlait en termes peu précis, et que nous avions l'intention de rejoindre. Les renseignements que je pus obtenir à Lille étant peu satisfaisants, nous partîmes pour Rouen. J'y consultai M. Pouyer-Quertier, président du comité local, M. Desseaux, préfet de la Seine-Inférieure : ni l'un ni l'autre ne purent me dire rien de certain relativement à l'existence d'une armée de la Loire, qu'ils paraissaient disposés plutôt à révoquer en doute.

Dans ces circonstances, nous formâmes le projet, qu'approuva fort M. Desseaux, de nous rendre aux environs de Paris, pour donner nos soins aux blessés français restés entre les mains des Prussiens après les sorties malheureuses effectuées par les assiégés. Le 26 septembre, le chemin de fer nous transporta jusqu'à Vernon ; le 27, nous arrivâmes à Mantes, d'où nous partîmes le lendemain pour Saint-Germain. A peine arrivés, un ordre du général commandant cette ville nous enjoignit de nous remettre en route pour aller à Versailles.

De grandes difficultés nous y attendaient. On voulut d'abord nous retenir à Versailles ; puis on nous proposa de nous mettre derrière un corps bavarois. Plusieurs fois on montra des velléités de nous traiter en véritables prisonniers. Après des négociations prolongées, et ayant acquis la certitude que les Prussiens nous empêcheraient toujours de nous rendre utiles da le rayon de Paris, j'obtins enfin, le 30 septembre, la permi sion de retourner à Saint-Germain, et le lendemain à Mantes. Je me croyais débarrassé de toute entrave ; je tombais entre les mains des Bavarois. L'ambulance fut retenue à Mantes jusqu'au 5 octobre. Par un hasard extraordinaire, nous pûmes, ce jour-là, nous échapper de Mantes, arriver à Vernon sans avoir rencontré l'ennemi, qui occupait toutes les routes, traverser le pont de Vernon, qu'on devait faire sauter le lendemain, et, après avoir marché toute la nuit, atteindre le lendemain les Andelys, d'où, après quelques heures de repos, nous regagnâmes Rouen.

Malgré les ténèbres dont était encore .entourée l'armée de la Loire, nous résolûmes, cette fois, de tenter au moins de la rejoindre. En conséquence, je conduisis l'ambulance jusqu'au Mans, et je me rendis moi-même à Tours, pour prendre des informations auprès du comité de cette ville. L'armée de la Loire commençant à s'organiser, il fut convenu que la deuxième ambulance irait camper au voisinage d'un corps de 20 000 hommes qui étaient réunis à une faible distance de Tours. J'allais mettre à exécution ce projet, quand, revenu au Mans, je trouvai des lettres du comité de Bruxelles qui m'annonçaient le licenciement de toutes les grandes ambulances de la Société de secours aux blessés. Cette mesure, motivée sans doute par des circonstances urgentes, me parut d'autant plus regrettable, que la deuxième ambulance, parfaitement ravitaillée, et forte d'une expérience chèrement acquise, était en mesure de rendre encore d'excellents services. Après avoir remis notre matériel entre les mains du comité de Tours, ainsi qu'un rapport sommaire sur notre campagne, et un état nominatif des blessés que nous avions soignés, nous nous séparâmes le cœur triste et incertains de notre avenir, mais avec la conscience d'avoir fait notre devoir.

Au total, la deuxième ambulance, sans parler de quelques malades et blessés français qu'elle a soignés en route, et les nombreux blessés prussiens qu'elle a pansés dans son voyage sur les bords du Rhin, a rendu de très-grands services à l'armée française, pendant son séjour à Mouzon. On peut évaluer à 1200 le nombre des blessssés qu'elle a secourus, et parmi lesquels plus de 700 ont été traités d'une manière suivie dans les nombreux locaux qu'elle a occupés dans cette ville, où aucun autre service médical n'a été organisé. Je dois ajouter que ces locaux ont été choisis dans les meilleures conditions hygiéniques, ce dont témoignaient, du reste, le bon état constant des plaies de nos soldats et les résultats particulièrement favorables que nous avons obtenus.

Il me reste à dire quelques mots sur le personnel de l'ambulance. Pour ce qui est du personnel médical, je ne saurais trop me louer du bon esprit et du zèle qu'il a montrés, et dans les circonstances critiques où nous nous sommes trouvés si souvent, et en face de la besogne immense qui nous est incombée à partir du 30 août, jour de la bataille de Mouzon. Chirurgiens, aides et sous-aides ont rivalisé d'ardeur en toute occasion quand il s'agissait de panser un blessé, de soulager un être souffrant. Il eût fallu, pour être rigoureusement juste, les signaler tous à la reconnaissance de la France et du comité. Forcé de limiter mon choix à un petit nombre, j'ai indiqué les noms de ceux qu'une circonstance particulière, accidentelle quelquefois, a fait distinguer au milieu de leurs collègues.

Je n'en puis dire autant, à mon grand regret, du personnel de service de l'ambulance. Recruté à la hâte et sans renseignements suffisants, il s'est trouvé composé en majorité de gens d'une moralité douteuse ou adonnés à l'ivrognerie, qui, loin de nous rendre les services qu'on était en droit d'exiger d'eux, ont été pour nous une source d'embarras et de mécomptes. Un grand nombre, entre autres tous les cochers, durent être congédiés avant notre arrivée à Mouzon ; beaucoup d'autres le furent plus tard, et parmi ceux qui furent conservés, plus d'un laissait fortement à désirer. Heureusement il y eut des exceptions ; plusieurs de nos infirmiers, dont je serai très-heureux de signaler les noms au Comité, apportèrent dans l'exercice de leurs fonctions, parfois très-pénibles, un zèle et une abnégation dignes des plus grands éloges.

Il ne m'appartient pas de louer les aumôniers, M. l'abbé Loizelier et M. le pasteur Espérandieu, attachés à notre ambulance. Je dirai seulement que, dans toutes les circonstances, je les ai trouvés à la hauteur de la mission de charité qu'ils s'étaient imposée. Malheureusement, à ces hommes si respectables, on avait adjoint un certain abbé Domenech, espèce d'aventurier, retour du Mexique, bâti pour toute autre chose que le sacerdoce, et dont ni le physique ni les allures n'étaient de nature à édifier notre personnel.

ANNEXE

Revenu à Lille, je songeai à utiliser les loisirs que me donnait l'investissement de Paris, en formant une ambulance destinée à suivre l'armée du Nord. Après m'être adressé inutilement, dans ce but, au Comité de Lille, j'acceptai la proposition qu'on vint me faire, au nom d'un Comité international formé à Roubaix, de me mettre à la tête d'une ambulance que cette ville voulait créer au profit de ses mobilisés. Je me mis immédiatement à l'œuvre : le matériel nécessaire fut réuni dans le plus bref délai ; dans le personnel, je fis entrer de préférence plusieurs jeunes médecins et élèves revenus des ambulances de Metz, et qui, se trouvant à Lille sans emploi, furent heureux de profiter de cette occasion de se rendre utiles.

Le 27 décembre, tout étant prêt pour l'entrée en campagne, nous quittâmes Lille, parfaitement organisés et approvisionnés. Après plusieurs jours de marche et de contre-marche, nous parvînmes à rejoindre les mobilisés de Roubaix à Sainte-Catherine, village près d'Arras. Nous passâmes à Sainte-Catherine les premiers jours de janvier, donnant des soins aux malades et à un certain nombre de blessés venus de Bapaume, et pratiquant de nombreuses revaccinations. Jugeant alors que nos mobilisés, devenus partie intégrante de la garnison d'Arras, ne seraient pas appelés à faire campagne, du moins pour le moment, nous demandâmes au comité de Roubaix l'autorisation de rejoindre le 22ᵉ corps, dont faisaient partie les mobiles de cette ville. Cette autorisation nous ayant été accordée, nous nous rendîmes le 11 janvier à Hénin, puis à Hamelincourt, où nous trouvâmes nos mobiles dans l'attente d'une action générale de l'armée du Nord.

Le 13, nous nous portons à Boisselle, puis à Travilliers, et enfin à Achiet-le-Grand ; le 14, à Courcelette, sur la route d'Albert, au delà de Bapaume, qui était évacué par les Prussiens. Le lendemain, nous allons à Albert, où se trouve le quartier général.

Nous nous réjouissions fort de ce mouvement en avant,

et nous nous attendions à continuer notre marche dans la direction d'Amiens, lorsque, le 16, de très-bonne heure, on vint nous prévenir que toute l'armée s'était retirée, et qu'il fallait la suivre immédiatement, sous peine de retomber entre les mains des Prussiens. La route à prendre était celle de Bapaume jusqu'à Boisselle, où, tournant à droite, nous devions passer par Bazentin, Longueval, les Bœufs et le Transloy. Le mauvais état des routes, rendues difficiles par le dégel, nous empêcha de dépasser les Bœufs, malgré les chevaux de renfort que nous prenions dans chaque village. Le 17, nous dépassons le Transloy, et nous gagnons Fins. Le 18, après de nombreuses difficultés, nous arrivons à Roisel. Vers midi, le canon s'y fait vigoureusement entendre entre Péronne et Vermand. Sur les trois heures, marchant au canon, nous nous engageons sur la route de Vermand ; mais nous sommes obligés de rétrograder pour ne pas tomber au beau milieu de la bataille. Enfin quand, la nuit approchant, le bruit du canon et de la fusillade a presque cessé, nous partons pour Vendelles : la route était déserte, des villages en feu se voyaient sur notre droite. Craignant de tomber dans les lignes prussiennes, nous n'avançons qu'avec précaution. Près de Vendelles, nous apprenons que l'armée française s'est retirée sur Vermand en emmenant ses blessés. Nous continuons notre chemin jusqu'à ce bourg. Des blessés en grand nombre y étaient accumulés, confiés à un chirurgien militaire et à l'ambulance Besnier. Nous nous installons dans la maison d'un paysan, nous y faisons entrer les blessés qu'on apporte, et nous en pansons un assez grand nombre. Tout à coup nous sommes informés que tous les blessés doivent être évacués sur Saint-Quentin, au moyen de voitures de réquisition venues de cette ville. Nous faisons monter nos blessés dans les véhicules qui sont mis à notre disposition, et nous prenons nous-mêmes la route de Saint-Quentin, où l'armée nous avait précédés. Nous y arrivons vers deux heures du matin.

A peine le jour avait-il paru, que la bataille recommence. Vers midi, le canon se rapprochant de Saint-Quentin, nous faisons une tentative pour arriver près du théâtre de l'action. Mais, parvenus dans le faubourg Saint-Jean, nous voyons déjà les fuyards revenir en ville ; la circulation est empêchée ; une barricade est en voie de construction à l'extrémité du faubourg pour protéger la retraite de notre armée ; les obus ne tardent pas à pleuvoir sur la ville.

Je cherche un local pour y installer une ambulance. On m'indique enfin une maison place Campion, dont le rez-de-chaussée semble convenir, au moins provisoirement, à cet usage. Située au voisinage du faubourg, elle se trouve sur le chemin des voitures qui ramènent les blessés de la campagne : bientôt elle est remplie, et nous sommes obligés d'en refuser. Pendant que nous procédons à leur pansement, les obus continuent à tomber autour de nous; heureusement personne n'est atteint. La nuit se passe sans accident, mais non sans inquiétude, la ville étant occupée par l'ennemi.

Le 20 janvier, la plus grande partie de notre personnel, munie du matériel nécessaire, explore les environs de Saint-Quentin pour secourir et recueillir les blessés qui n'avaient pu être enlevés la veille. On en ramène un certain nombre dans notre ambulance, où je les case le plus convenablement possible.

Nos blessés, d'abord couchés par terre sur de la paille, furent bientôt installés dans des lits, grâce à la générosité des dames du voisinage. Cependant notre local laissait à désirer, principalement au point de vue de l'espace, mais aussi sous le rapport de l'aération et de la lumière. Je fus donc très-heureux de trouver, rue de la Fosse, un vaste hôtel situé entre cour et jardin, et parfaitement approprié au but que nous nous proposions.

Le déménagement fut opéré le 23 janvier, et nos blessés purent être installés dans de vastes pièces, très-élevées de plafond, parfaitement éclairées et aérées, et dans des conditions qui ne laissaient rien à désirer. La ville de Saint-Quentin voulut bien se charger de la nourriture de ces blessés, auxquels les dames du quartier rendaient le séjour agréable en leur apportant toute espèce de douceurs et de consolations.

L'ambulance de la rue de la Fosse renfermait les premiers jours 48 blessés. Le 31 janvier, nous pûmes en évacuer 14 sur Lille, ce qui nous permit d'en prendre dans les autres ambulances de la ville un certain nombre qui s'y trouvaient dans de mauvaises conditions d'hygiène et de traitement, et que nous pûmes, de cette façon, arracher à une mort certaine. En outre, l'ambulance de Roubaix a donné des soins à un assez grand nombre de blessés disséminés dans la ville et dans les environs. Les résultats que nous avons obtenus sont très-satisfaisants.

Notre personnel ne quitta Saint-Quentin que le 25 février :

sa mission était terminée. Les quelques blessés restant · à l'ambulance furent confiés cette fois encore · à l'ambulance belge qui m'avait déjà suppléé à Mouzon, et que j'eus la bonne chance de retrouver · à Saint - Quentin , animée du même zèle humanitaire.

MARC SÉE.

Paris. — Imprimerie de E. MARTINET, rue Mignon, 2.

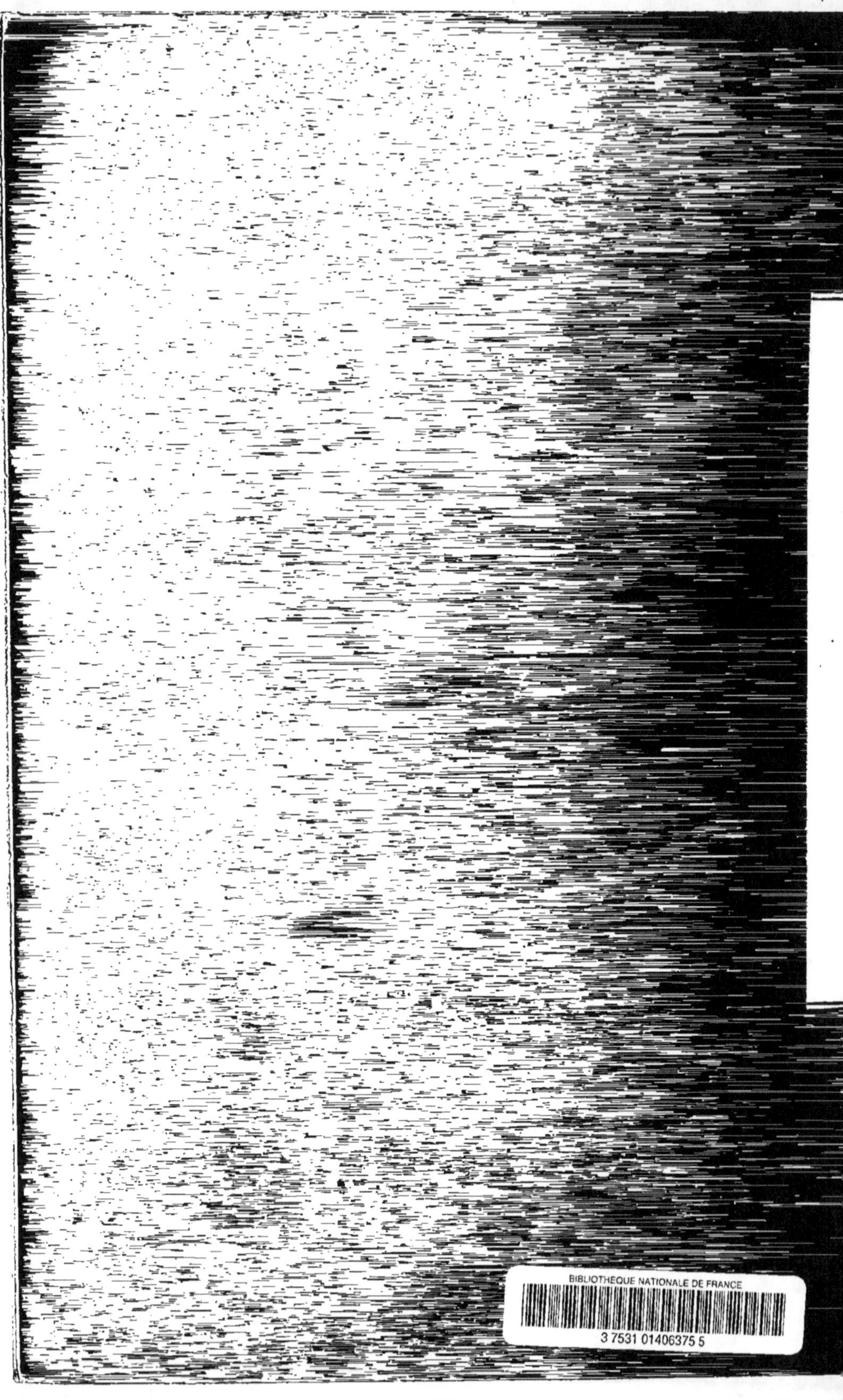

www.ingramcontent.com/pod-product-compliance
Lightning Source LLC
LaVergne TN
LVHW051133060726
842526LV00006B/2033